Zauberlehrling
Richtig schreiben

4

Erarbeitet und herausgegeben
von Ute Steinleitner
Illustriert von Heidrun Boddin

Diesterweg
westermann

Inhalt

Das bedeuten diese Zeichen:

Sprich die Wörter ganz deutlich.

Schreibe die Aufgabe in dein Heft.

Halte dich an Amandas Aufschreibregeln.

Die Wörter bei diesem Zeichen haben eine Aufpass-Stelle, die du besonders üben musst. Suche sie in der Liste auf den Seiten 74 – 78 und markiere die Aufpass-Stelle.

Überlegt und arbeitet gemeinsam.

Bist du ein Rechtschreibdetektiv?

Zeige, was du gelernt hast.

1 Schreibe dein Lieblingswörter-Alphabet auf. Verwende dabei nur Nomen.

2 Wie müsst ihr hier ordnen? Besprecht euch und ordnet die Wörter richtig ein.

Pommes
Butter
Zucker
Klopapier
Bienenhonig
Zeitung
Pudding
Zahnpasta
Kokosnüsse
Brot
Kartoffeln
Zwiebeln
Backpulver
Pizza
Paprika
Kekse

B	K
①	①
②	②
③	③
④	④

P	Z
①	①
②	②
③	③
④	④

1 Im Postleitzahlenbuch stehen die Städte alphabetisch geordnet. Ordne und schreibe auf.

Bremen • Mainz • Heidelberg • Münster • Hannover • Bielefeld
Halle • Berlin • Magdeburg • München • Bonn • Hamburg

2 Ordne die Wörter nach dem Alphabet. Kontrolliere anschließend mit der Wörterliste.

heute	bevor	messen	enden
heißen	Beispiel	Meer	Ende
Hals	Berg	Mensch	Endspurt
hier	besser	mehr	endlich

3 Schau genau hin und ordne auch diese Wörter nach dem Alphabet.

Stuhl • Stadt • stark • Spaziergänger • Strand • Strom • Spitze • stehen
Spagetti • spazieren • Straße • studieren • stellen • Spiegel • spitz

4 Schreibe deine Lieblingswörter auf. Lass sie nach dem Alphabet ordnen.

1 Schlagt die Lösungswörter im Wörterbuch oder in der Wörterliste nach. Schreibt sie auf und markiert die Aufpass-Stellen.

Man kauft dort Medikamente.

____

Damit wird das Fieber gemessen.

____

Jede Fußballmannschaft braucht einen ?.

____

Das Gegenteil von Ruhe und Stille.

____

Sie fährt auf Gleisen in großen Städten.

____

Gegenteil von früh

____

2 Schreibe das Wort zum Bild. Kontrolliere mit dem Wörterbuch mit Seitenangabe.

____

S. ___

____

S. ___

____

S. ___

____

S. ___

3 Sucht euch interessante Wörter und schreibt dazu kurze Rätsel wie in Aufgabe 1. Erstellt dann mit der Klasse eine Rätselkartei.

1 Kontrolliere die Schreibweise der folgenden Wörter mit dem Wörterbuch. Hake richtige ab. Berichtige falsche Schreibweisen und schreibe sie mit ihrer Fundstelle auf.

fier ☐	Energie ☐	Clown ☐	fotografiren ☐	wann ☐
auser ☐	ser ☐	Keiser ☐	verkehrsicher ☐	Silfester ☐
Theater ☐	lincks ☐	Gesuntheit ☐	Familie ☐	volständig ☐

vier S. ______________________________

____

____

____

2 Schlage diese Wörter im Wörterbuch nach und schreibe mehrfarbig in Silben getrennt auf.

schützen: ______________ hinauf: ______________

impfen: ______________ erschrecken: ______________

skizzieren: ______________ Amerika: ______________

3 Findet die Mehrzahl zu diesen Nomen. Schreibt sie auf und überprüft eure Lösungen mit dem Wörterbuch.

der Atlas • das Zeugnis • das Laub • das Lexikon • die Lehrerin • das Obst

____

____

4 Welche verwandten Wörter findest du zu diesen Wörtern im Wörterbuch? Schreibe sie auf.

stellen: ______________________________

backen: ______________________________

drehen: ______________________________

5 Kannst du es? Seite 69 Aufgabe 1

Aufschreibtraining

1 Mache mit diesen Wörtern ein Aufschreibtraining.
Kommentiere die markierten Aufpass-Stellen.

Rennwagen	Verkäufer	Laib Brot	nichts
Deutschland	dumm	Haarbürste	Textaufgabe
schwierig	Ärztin	Ostsee	Christbaum
Handarbeit	Drehtür	Fahrstuhl	verwandt
Fremdwörter	wärmen	Märchen	sechs

2 Übe mit den folgenden Wörtern das richtige Aufschreiben.

Waldtiere	Sitzplatz	Fuchsbau	Lärmschutz
Wildschwein	Schuhregal	Blumenvase	Schneemann
Schreibtisch	Armbänder	Straßenlampe	Taxifahrer
Erlaubnis	Verkäuferin	Fußballstadion	Quadratzahl

3 Diktiere Wörter von Aufgabe 1 oder 2 einer Partnerin oder einem Partner.

1 Übe mit dem Text das richtige Aufschreiben.

So schreiben wir richtig auf

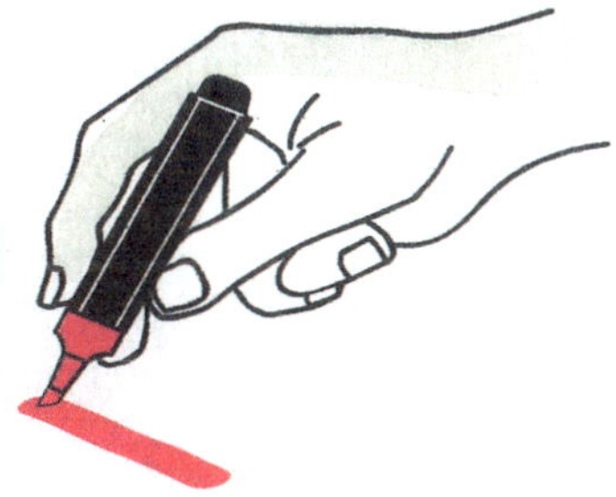

Lies das Wort | oder den Sinnschritt. | Sprich dabei deutlich. |
Markiere die Aufpass-Stellen | und kommentiere anschließend |
die Schwierigkeiten. | Decke ab und schreibe | auswendig auf. |
Vergleiche zum Schluss | sorgfältig mit der Vorlage. |
Radiere Fehlerstellen aus | und verbessere | mit deiner Lieblingsfarbe. |

2 Teile zuerst in Sinnschritte ein und befolge dann die Anweisung von Aufgabe 1.

Wichtig!
Abdecken und auswendig aufschreiben!

Auf dem Weg zur Schule passieren immer wieder viele Unfälle. Manche Kinder überqueren die Straße, ohne nach rechts und links zu schauen. Oft achten aber auch die Autofahrer zu wenig auf die jungen Verkehrsteilnehmer. Für Fußgänger und Autofahrer gilt: Vorsicht auf der Straße!

Wichtig!
Zum Schluss sorgfältig korrigieren!

3 Übe das richtige Aufschreiben in Sinnschritten mit diesem Text.

Unsere Gemeinde hat viele Freizeitmöglichkeiten.
Mehrere Vereine bieten ein Programm an.
Ein Lehrpfad führt am kleinen Fluss entlang.
Hinter dem Pausenhof liegt ein Volleyballfeld.
Kinder und Erwachsene fühlen sich hier wohl.

4 Kannst du es? Seite 69 Aufgabe 2

1. In jeder Silbe muss mindestens ein **Vokal**, **Umlaut** oder **Zwielaut (Diphtong)** sein.
2. Bei Wörtern mit offenen Silben steht der betonte Vokal, Umlaut, Zwielaut (Diphtong) am Silbenrand: Ki-no.
3. Bei Wörtern mit geschlossenen Silben folgt nach dem betonten Vokal oder Umlaut noch ein Konsonant: Kin-der.
4. Wir unterscheiden Sprechsilben: A-mei-se und Schreibsilben: Amei-se.

1 Suche aus deiner Wörterliste unter **s/S** Wörter zu jeder Spalte.

eine Silbe	zwei Silben	mehr als zwei Silben

2 Setzt Silbenbögen und untersucht die erste Silbe: Klingt der Vokal, Umlaut oder Zwielaut (Diphtong) lang oder kurz? Ergänzt die Regelsätze.

gestern • reiten • zielen • außer • morgen • essen

fertig • Berge • Christen • schenken • heute

Räder • etwas • Zwiebel • Zehen • fotografieren

In Wörtern mit einer offenen Silbe ______________________

In Wörtern mit einer geschlossenen Silbe ______________________

3 Ordne die Wörter von Aufgabe 2 in die Tabelle ein.

offene Silbe	geschlossene Silbe

4 Kannst du es? Seite 69 Aufgabe 3

1 Welches Wort hilft dir beim Richtigschreiben?

Wal? – *Wäl – der* ______ Han?tasche – ______

aben?s – ______ Frem?wort – ______

schie?t – ______ Schrei?tisch – ______

Schu? – ______ Se?hilfe – ______

mu? – ______ Du?heit ______

ka? – ______ ste?t – ______ wir? – ______

2 Wie seid ihr bei Aufgabe 1 vorgegangen? Beschreibt.

______

3 Nimm aus jeder Zeile eine Silbe und setze sie zu viersilbigen Wörtern zusammen.

Ver	Blei	Näh	Spa	Py	Com
zier	ma	kehrs	stift	pu	ra
schi	schil	gän	mi	spit	ter
ne	ger	der	ze	spiel	de

______

______

4 Sprich die Wörter und schreibe sie getrennt auf. Finde noch weitere mehrsilbige Wörter.

Rechtschreibunterricht • Mathematikheft • Europameisterschaft
Fernsehsendungen • Fußballverein • Vorfahrtsstraße • Fahrradprüfung

5 Markiere gelb: abends, dumm, schieben, Schuh, sehen, stehen, Wald, wird

1 Zerlege die Wörter von Felix und die folgenden in Silben.

Holzboden • Flaschenpost • anrufen • Lichtschalter • Geschichtenschreiber

ge - hö - ren , ______________________________

____

____

2 Ordne die lautgetreuen Wörter alphabetisch.

Milchtüte • sprechen • gern • Fischteich • Taschenbuch • Fingerhut
dort • Heftseite • Astgabel • Bratwurst • aufhalten • Kinderwagen

____

____

____

3 Diktiert euch die Sätze aus lautgetreuen Wörtern.

Lisa ist eine gute Sportlerin. Sie turnt am Schwebebalken.
Papa holt seine kleine Tochter aus dem Krankenhaus.
Florian und seine Schwester tragen die schwere Tasche nach Hause.
Maria und Lena baden in dem kleinen Teich hinter dem Kindergarten.
Meine Eltern arbeiten in einer technischen Fabrik im Nachbarort.

4 Findet mindestens vier lautgetreue Wörter unter f/F in der Wörterliste. Schreibt sie auf.

f/F: ______________________________

1 Markiert die Aufpass-Stelle in den folgenden Wörtern gelb und überlegt gemeinsam, welche Strategie beim Richtigschreiben hilft. Schreibt dann beide Wörter auf.

Kuh • rund • dumm • älter • Mäuse
Lob • Berg • Rätsel • Pass • Äste

Kuh → Kü-he,

2 Welche Trickwörter findet ihr unter f/F in der Wörterliste? Begründet!

3 Diese Wörter haben eine bleibende Aufpass-Stelle. Schlage im Wörterbuch nach, schreibe auf und markiere die Aufpass-Stelle rot.

4 Finde zu jeder Aufpass-Stelle der Wörter von Aufgabe 3 weitere Beispiele. Vergleiche dann mit einem Partnerkind. Erstellt zum Schluss in der Klasse ein Plakat.

5 Markiere gelb: älter, Äste, dumm, Kuh, Mäuse

6 Markiere rot: Fuchs, Käfer

1 Was weißt du über Nomen? Vergleiche mit einem Partnerkind.
Kontrolliert und ergänzt mit der Klasse.

____

____

____

2 Wer findet die meisten Nomen im Gitterrätsel? Vergleiche mit einem Partnerkind.

A	L	O	C	H	G	Q	T	I	E	R	Z
B	U	S	O	M	E	E	R	X	S	E	E
E	F	K	L	A	S	S	E	S	M	A	I
N	T	M	R	L	I	C	H	T	A	U	T
D	E	U	T	S	C	H	L	A	N	D	U
G	H	T	A	D	H	T	B	G	N	I	N
L	A	P	X	F	T	E	X	T	R	N	G
Ü	A	Z	I	E	L	A	B	E	R	G	E
C	R	E	S	C	H	R	E	C	K	B	L
K	U	H	Q	F	A	M	I	L	I	E	D

waagerecht (17): ______________________________

senkrecht (15): ______________________________

3 Bilde zu den folgenden Verben und Adjektiven Nomen und schreibe sie mit Artikel auf.

schützen • hoch • sprechen • lang • sitzen • reich • springen • verstecken
gesund • kurz • trinken • alt • schenken • stark • riechen • tief

1 Groß oder klein? Überprüfe und schreibe jede Wortfamilie in eine Zeile.

lieben	schrecklich	arztpraxis	fahrzeug
liebe	erschrecken	ärztlich	fahrrad
lieb	schreck	arzt	fahrt
liebling	schreckhaft	verarzten	befahrbar

2 Unterstreiche die Nomen. Schreibe sie dann mit Artikel auf.

mann • wieder • draußen • mensch • wahr • skizze • quelle • zuletzt
beispiel • niemals • maschine • zimmer • zuletzt • zusammen • stück
schlimm • plötzlich • größe • vielleicht • sache • schwierig • freude

3 Setze folgende Adjektive zwischen Artikel und Nomen von Aufgabe 2 passend ein.
Vergleiche mit einer Partnerin oder einem Partner.

fremd • groß • sauber • erfolgreich • schlecht • hilfreich • genau • klein

4 Kannst du es? Seite 70 Aufgabe 4

1 Mit welchen Bausteinen kannst du aus diesen Wörtern Nomen bilden? Setze ein und ordne die neu gebildeten Nomen zu.

krank • erzählen • schwierig • stellen • wahr • flüssig • drehen • schnell
genau • dumm • erklären • neu • steigen • deutlich • blind

2 Bilde Nomen und zerlege sie in Wortbausteine. Markiere den Wortstamm.

verspäten • bezahlen • vorstellen • bestimmen • verschmutzen • aufführen

Ver *spät* *ung*

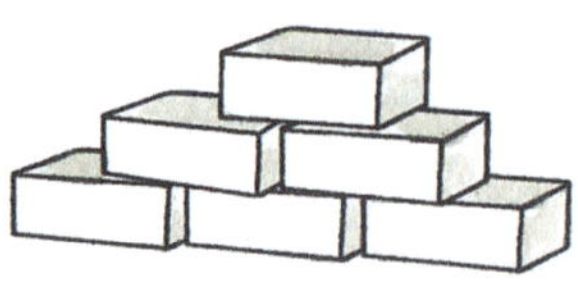

3 Findet eigene Beispiele wie bei Aufgabe 2 und schreibt sie auf.

1 Wie werden aus diesen Verben Nomen? Probiert aus und sammelt weitere Beispiele.

entdecken ______________ lehren ______________

gewinnen ______________ erzählen ______________

____

____

2 Schreibe zu diesen Berufen die weibliche Form in der Einzahl und Mehrzahl auf.
Welche Wortbausteine brauchst du? Finde weitere Beispiele.

der Arzt ______________ ______________

der Bäcker ______________ ______________

der Verkäufer ______________ ______________

______________ ______________ ______________

______________ ______________ ______________

______________ ______________ ______________

3 Bilde Nomen mit dem Artikel und setze sie in die Mehrzahl.
Welche Wortbausteine brauchst du hier? Finde ein weiteres Beispiel.

erleben ______________ ______________

ergeben ______________ ______________

geheim ______________ ______________

______________ ______________ ______________

4 Kannst du es? Seite 70 Aufgabe 5

1 Welche Stellen kannst du verkürzen? Unterstreiche.
Bilde zusammengesetzte Nomen und schreibe die Sätze auf.

Mutter sucht in dem Schrank an der Wand ihre Nadeln zum Stricken.
Vater kauft eine Lampe, die Energie spart und ein Programm für das Fernsehen.
Max steckt sein Buch für Mathematik in die Tasche für die Schule.
Zum Essen am Mittag gibt es Braten vom Schwein mit Salat aus Kartoffeln.

2 Lies den Text. Bilde zu den unterstrichenen Wörtern zusammengesetzte Nomen, die den Sachverhalt genauer bestimmen. Vergleiche mit einer Partnerin/einem Partner.

Hubert ist Trainer. Heute fährt er mit dem Rad zum Geschäft und kauft einen neuen Ball. Dann trifft er sich mit seiner Mannschaft auf dem Platz zum Spiel gegen den FC Poldau. Der Richter mahnt: „Denkt an die Regeln und seid fair.“

3 Welches Wort bestimmt den Artikel? Tauscht euch aus und schreibt auf.

1 Welche Berufe üben die Menschen aus? Verbinde und schreibe auf.

Brief · Trägerin · Sprecherin · Bagger · Bauer · Bäcker · Lehrling · Zeitung (!) · Leger · Fernsehen · Helferin · Maschinen · Reporter · Taxi · Arzt · Fahrerin · Fliesen · Führer

2 Setzt sinnvoll zusammen. Zu welcher Wortart gehört das neu entstandene Wort?

Haus • bunt • Messer • kühl
dumm • Spiegel • schnell • frisch

\+

Kopf • glatt • Straße • Käse
hoch • Schrank • scharf • Specht

3 Welches Wort bestimmt die Wortart? Tauscht euch aus.

4 Setzt die Wörter zusammen und markiert, worauf ihr beim Schreiben achten müsst.

In der Schule binden wir einen Kranz für den Advent. Bei Beginn des Unterrichts lernen wir Lieder für Weihnachten. Am 24. Dezember feiern die Christen den Tag der Geburt Jesu Christi. Im Atlas für Geschichte suchen wir im Verzeichnis der Inhalte ein Kapitel über Herodes.

5 Kannst du es? Seite 70 Aufgabe 6

1 Beantworte die Frage von Felix. Schreibe Sätze zum Bild. Lass die Sätze kontrollieren.

____

____

____

____

2 Findet die Grundform und setzt dann die Personalform ein.

drehen: Der Wind dreht die Windräder.

_______________: Opa _______________ im Sommer jeden Tag 1000 m.

_______________: Du _______________ heute mit dem Bus fahren.

_______________: Im Herbst _______________ Finn seinen Drachen steigen.

_______________: Mia _______________ ihre neuen Jeans _______________.

3 Bilde aus den folgenden Nomen Verben.

Geschenk • Sprung • Tank • Gespräch • Schutz • Hilfe • Band

4 Wer tut etwas? Was geschieht? Schreibe gute Sätze.

5 Kannst du es? Seite 70 Aufgabe 7

1 Findet das passende Verb zum Bild.

2 Schreibt zu jedem Bild einen Satz in der 1. Vergangenheit.

3 Setze ein passendes Verb in der 1. Vergangenheitsform ein und schreibe den Text auf.

Gestern ? die Sonne. Ich ? mit dem Bus ins Stadtbad. Dort ? ich meine Freundin. Schnell ? wir uns um. Wir ? vom Dreimeterbrett und ? um die Wette. Lena ? das Wettschwimmen. Danach ? wir Apfelsaft und ? ein Eis. Dann ? ich ihr noch unsere neue Telefonnummer auf einem Zettel. Der Nachmittag ver? viel zu schnell.

4 Schreibe mit folgenden Verben gute Sätze in der 1. Vergangenheit.

steigen • bleiben • fallen • halten • tragen • heißen • lesen

5 Kannst du es? Seite 71 Aufgabe 8

1 Mit welchen Wortbausteinen könnt ihr die folgenden Verben zusammensetzen? Sucht zu jedem Verb vier Möglichkeiten und erklärt die Bedeutung des neuen Verbs.

ver | be | vor | auf | er | an | ein | aus | zu | um | weg

kommen: ____________________

stehen: ____________________

fallen: ____________________

drehen: ____________________

2 Setze jeweils das Verb mit dem passenden vorangestellten Wortbaustein ein.

stellen: das Essen ____________, sich an der Kasse ____________,

den Schrank ____________, sich etwas Schönes ____________,

lassen: das Licht ____________, das Fenster ____________,

jemanden an der Kasse ____________, die Heimat ____________,

fahren: eine Neuigkeit ____________, sich in der Großstadt ____________,

von zu Hause ____________, ein anderes Auto ____________,

ziehen: die Hose ____________, die Kinder ____________

3 Sucht Verben mit den folgenden Wortbausteinen.

ab: ____________________

ent: ____________________

Adjektive sagen uns, wie etwas ist. Sie können in zwei **Vergleichsstufen** stehen.

1 Informiert euch im Internet oder in einem Lexikon und vergleicht.

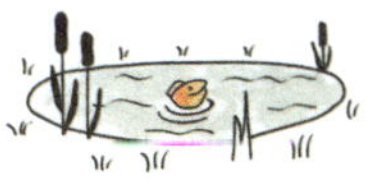 tief 

 schwer 

 groß 

 alt 

 schnell 

 hoch 

2 Finde passende Adjektive in der 2. Vergleichsstufe. Schreibe den Text dann auf.

Der ? Mensch wurde über 120 Jahre alt. Der ? Mensch wog über 560 kg. Das ? olympische Rennen ist der Marathonlauf (42 km). Der ? Monat ist der Februar. Der ? See (1642 m) liegt in Russland. Das ? Gebäude (830 m) steht in Dubai. Die ? Menschen (22 Millionen) leben in Shanghai.

3 Kannst du es? Seite 71 Aufgabe 9

1 Welchen Wortbaustein musst du anhängen? Trage ein und bilde die Adjektive.

Durst • Frieden • Vorsicht • Glück • Stein • Geschäft • Ende • Berg
Mensch • Christ • Ecke • Schatten • Schreck • Haufen • Arzt
Dreck • Woche (!) • Herbst • Mann • Nebel (!)

2 Verlängere die Wörter mit dem Wortbaustein -ig von Aufgabe 1.
Jetzt hörst du das g.
Beispiel: Der Hund ist durstig. → der durstige Hund, ...

3 Setzt das passende Adjektiv mit dem Wortbaustein -lich von Aufgabe 1 ein und schreibt die Sätze auf.

Diese Zeitung kommt ? . Irren ist ? . Meine Mutter hatte ? in Berlin zu tun. Die Demonstration verlief ? . Der ? Gewinner bekam eine Wochenendreise nach Paris. Das Wetter ist schon sehr ?. Zu Weihnachten bekomme ich ? ein Mountainbike. Ich hatte einen ? Traum. Der Patient braucht ? Hilfe.

1 Bildet mindestens drei Adjektive mit den folgenden Wortbausteinen.

Sturm • Fehler • Tag • Strafe • Schmutz • Neugier
Dank • Schmerz • Halt • Scherz • Wunder • Musik • Herr
Italien • Haufen • Quadrat • Ärger • Sonne

-ig ______________________

-lich ______________________

-isch ______________________

-bar ______________________

-haft ______________________

2 Setze Adjektive von Aufgabe 1 ein. Mache dann mit den Sätzen ein Aufschreibtraining.

Von der Zugspitze hat man eine ______________ Aussicht.

Das ______________ Wetter geht zu Ende. Ab morgen soll es ______________ werden. Mir gefällt die ______________ Sprache.

Mein Bruder spielt Klavier und Querflöte. Er ist sehr ______________.

Den ______________ Text musst du noch einmal schreiben. Für deine Hilfe bin ich dir sehr ______________. Zu dieser Couch passt am besten ein ______________ Tisch. Der Kuchen schmeckt ______________.

3 Findet weitere Adjektive mit den Wortbausteinen von Aufgabe 1.

4 Durch den Wortbaustein un- entsteht die gegenteilige Eigenschaft. Bilde Beispiele.

vollständig • gesund • genau • vorsichtig • ordentlich • wichtig

ein unvollständiger Text, ______________________

____

____

5 Kannst du es? Seite 71 Aufgabe 10

1 Welchen Trick meint Fridolin? Schreibt auf.

____

2 Fehlt hier ein t oder d? Wende den gefundenen Trick an.

Lan?	___	gu?	___	jeman?	___
Stif?	___	blin?	___	hunder?	___
Wal?	___	spä?	___	nieman?	___
Aben?	___	wir?	___	Dikta?	___

3 Schreibe das Wort auf, das dir hilft, den richtigen Laut einzusetzen.

Die – be → Die__	___ → Gra__	___ → blei__t
___ → Kor__	___ → Sie__	___ → schie__t
___ → Sta__	___ → Stau__	___ → gi__t

4 Welcher Laut fehlt, g oder k? Beweise.

Zu__ ___	Bur__ ___	bie__t ___
Fabri__ ___	Geträn__ ___	tan__t ___
Ber__ ___	Wer__zeu__ ___	___

5 Markiere gelb: biegt, bleibt, gibt, fremd, jemand, Land, niemand, schiebt

1 Verlängere den Teil des Wortes mit dem Auslaut. Schreibe beide Wörter auf.

Bur?graben • We?weiser • Gel?kassette • Ber?bahn • Ban?automa?
Bun?stif? • Han?ball • Frem?wor? • Urlau?sreise • Er?beben

Burgen → Burggraben,

2 Auch hier hilft der richtige Trick. Schreibe die Wörter auf und markiere den Auslaut. Vergleiche mit einer Partnerin oder einem Partner.

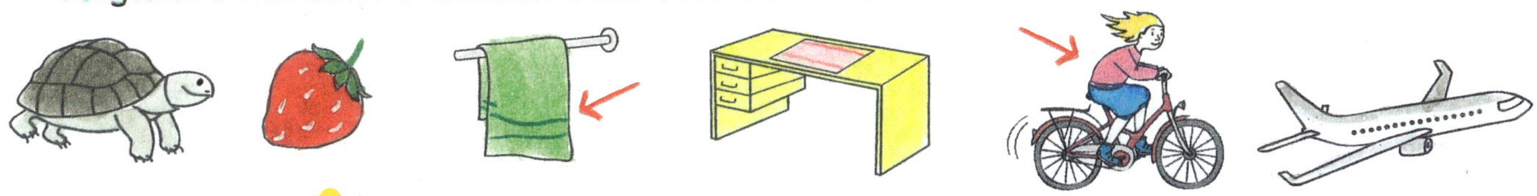

Schilde → Schildkröte,

3 Schreibe das Verb und das dazugehörende Nomen auf.

ab-	stimmen	abstimmen	die Abstimmung
	nehmen		
	fallen		
	hängen		
	fließen		

Bei der Vorsilbe ab-/Ab- hört und spricht man p, schreibt aber b.

4 Ordne die Wörter mit END alphabetisch.

Endspiel • Endung • endlos • endgültig • Endstation

5 Schreibt Rätsel zu Wörtern mit Auslautverhärtung b/d/g und sammelt sie in eurer Rätselkartei.

6 Kannst du es? Seite 71 Aufgabe 11

Wörter mit ä/Ä von a/A

1 An welche Wörter denkt Amanda? Schreibe sie auf.

2 Schreibe das verwandte Wort mit a/A dazu. Vergleiche dann mit einem Partnerkind.

Ärztin		Räder		erklären	
Männer		Rätsel		hängen	
Bäcker		ängstlich		lässt	
Nächte		kräftig		färben	
Säfte		älter		fällt	

3 Ordne die Wörter mit ä/Ä von Aufgabe 2 nach dem Alphabet.

4 Bilde mit Wörtern von Aufgabe 2 und den folgenden Wörtern zusammengesetzte Nomen.

Vollmond • Kreuzwort • Motor • Meister • Ohren • Obst • Brücke

5 Markiere gelb: Ärztin, Bäcker, fällt, lässt, Nächte, Räder, Säfte

stark | stärker | stärken | die Stärke | die Stärkung | das Stärkemehl

1 Findet zu den Wörtern mit a vier verwandte Wörter mit ä.

kalt: ______________________________

warm: ______________________________

lang: ______________________________

scharf: ______________________________

2 Setze ein: e/E oder ä/Ä?

___ste • spr___chen • r___chts • m___nnlich • j___tzt • ___rde • Sp___ße
f___rtig • ___lter • g___stern • l___nglich • St___dte • G___ld • W___lder
w___rden • B___nder • m___rken • t___glich • sch___nken • Fl___schchen

3 Schreibe nach e und ä geordnet auf.
Schreibe hinter die Wörter mit ä die Ableitung von a und markiere gelb.

e/E: ______________________ ä/Ä: älter – alt ______________________

4 Schreibe die folgenden Sätze in der Einzahl auf. Markiere ä von a gelb.

Diese Schüler fahren täglich mit dem Bus in die Schule.
Die Busse halten an der Stoppstraße an.
Die Schülerinnen tragen die Bücher in die Bibliothek.
Die Kinder waschen vor dem Essen die Hände.
Die Buben lassen im Herbst den Drachen steigen.
Spinnen fangen in ihren Netzen unzählige Insekten.
Bären schlafen im Winter in einer Schneehöhle.

1 Schreibe die Wörter zu den Bildern auf. Ergänze Fridolins Satz.

Braut	saugen	laufen	Haupt

____

2 Finde zu diesen Wörtern das verwandte Wort mit au.

Verkäufer	________	räumen	________	häuslich	________
Gebäude	________	läuft	________	gläubig	________
Läuse	________	bräunen	________	bläulich	________
Geräusch	________	läuten	________	häufig	________

3 Setze ein: eu/Eu oder äu/Äu? Besprich dich mit einer Partnerin oder einem Partner.

D___tschland • Nadelb___me • Rennl___fer • ___ropa • Verk___fer
l___chten • Seer___ber • Kaufl___te • Kr___zung • s___bern • tr___men
Schleier___le • Schutzz___ne • N___igkeit • Einfamilienh___ser • h___te

4 Schreibe nach eu/Eu und äu/Äu geordnet auf.

eu/Eu: ______________________ äu/Äu: ______________________

5 Markiere gelb: läuft, träumen, Verkäufer

6 Kannst du es? Seite 72 Aufgabe 12

Wörter mit qu/Qu

1 Male im Bild die Wörter mit qu/Qu an und schreibe sie auf.
Die Wörterliste kann dir helfen.

2 Schreibe zu jedem der Wörter von Aufgabe 1 einen guten Satz.
Lass deine Sätze von einer Partnerin oder einem Partner kontrollieren.

3 Auch diese Wörter schreibt man mit qu/Qu. Ordne sie alphabetisch.

überqueren • bequem • quälen • Quark • Quiz • Quartett • Quatsch • Qualle

4 Schreibt Rätsel zu Wörtern mit qu/Qu und sammlt sie in eurer Rätselkartei.

5 Markiere gelb: Quader, Quadrat, quaken, Quelle, überqueren

1 Kurz oder lang? Besprecht euch und kennzeichnet den lang gesprochenen Laut mit einem Strich [–], den kurz gesprochenen mit einem Punkt [•].

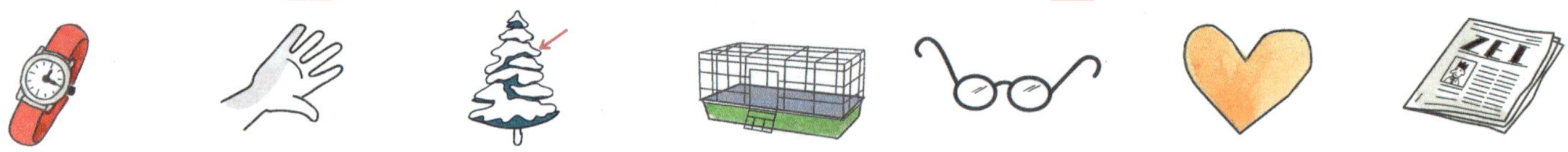

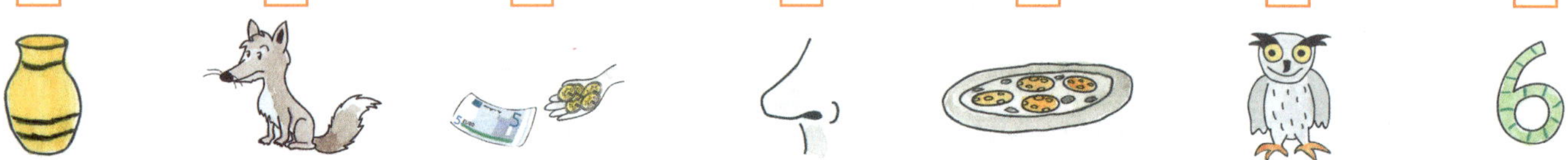

2 Ordne die Wörter von Aufgabe 1 richtig ein. Die Wörterliste hilft dir beim Richtigschreiben.

kurz gesprochen	lang gesprochen

3 Sprich die Wörter. Kennzeichne den lang gesprochenen Laut mit einem Strich [–] und den kurz gesprochenen mit einem Punkt [•].
Schreibe dann geordnet auf wie bei Aufgabe 2.

Stadt	Maschine	fühlen	dann	Straße	schwer	Wald
Berge	Zimmer	Käfer	Dorf	wahr	wenig	stark

4 Sucht aus der Wörterliste je zehn Wörter mit kurz und lang gesprochenem Laut.

1 In welches Fach gehören die einzelnen Wörter? Besprecht euch und tragt richtig ein.

gerade • helfen • kommen • stehen • Fenster • Biber • Haare
Kühe • Eltern • schwierig • schützen • heute • immer • Zwiebel
Pizza • fahren • Wagen • gestern • neben • Tiger • gegen • essen

Wörter mit einem lang gesprochenen Laut (offene Silben)

Wörter mit einem kurz gesprochenen Laut (geschlossene Silben)

Wörter ohne Dehnungszeichen	Wörter mit ie	Wörter mit silbentrennendem h	Wörter mit zwei oder drei verschiedenen Konsonanten	Wörter mit einem doppelten Konsonanten

Dehnungs-h	doppelter Vokal	Langer i-Laut Schreibweise i

2 Vergleicht eure Lösung von Aufgabe 1 in der Klasse und findet weitere Beispiele.

1 Sucht die Verben mit dem langen i-Laut und schreibt sie mit dem Pronomen auf.

sie ______________________

____

2 Setze die Verben von Aufgabe 1 in die Grundform und schreibe in Silben zerlegt auf.

____

____

3 Schreibe gute Sätze mit den Verben von Aufgabe 2.

4 Bilde die 1. Vergangenheitsform dieser Verben. Die Wörterliste kann dir helfen.

Einzahl		Mehrzahl	
lassen	*ich* ______	fallen	*wir* ______
schlafen	*du* ______	steigen	*ihr* ______
scheinen	*sie* ______	treiben	*sie* ______
heißen	*sie* ______	laufen	*wir* ______
bleiben	*es* ______	rufen	*sie* ______

5 Suche Wörter zum Wortstamm **LIEB** und schreibe sie auf. Vergleiche und ergänze mit einem Partnerkind. Stellt eure Wortfamilie in der Klasse vor.

____

____

1 Trage das passende Verb mit **-ieren** ein.

jemanden anrufen
eine Auskunft einholen
mit Nummern versehen
eine Skizze machen
gemütlich herumlaufen

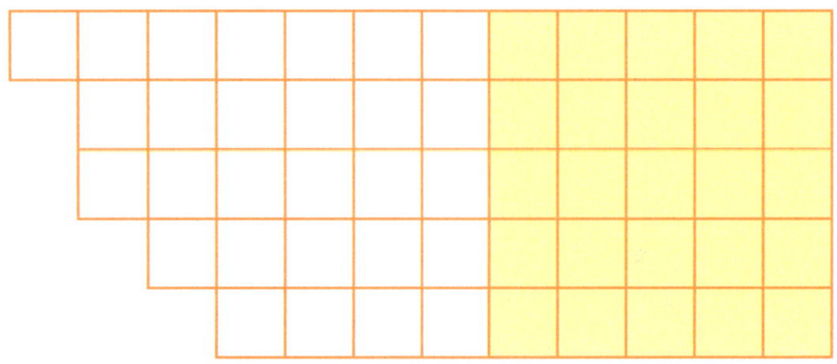

2 Kannst du dichten? Setze die Verben richtig ein und schreibe das Gedicht auf.

studieren • addieren • buchstabieren • subtrahieren • radieren
probieren • halbieren • verlieren • schmieren

Diesen Text musst du ______________________,
manche Wörter ______________________.
Vier plus drei nennt man ______________________,
mit minus heißt es ______________________.
Den Apfel für zwei musst du ______________________.
Ist es falsch, darfst du ______________________
und es noch einmal ______________________.
Doch dabei solltest du nicht ______________________,
sonst könnt' ich die Geduld ______________________.

3 Bilde aus den Nomen Verben. Was fällt dir auf?

Foto • Musik • Kasse • Division • Interesse • Motivation

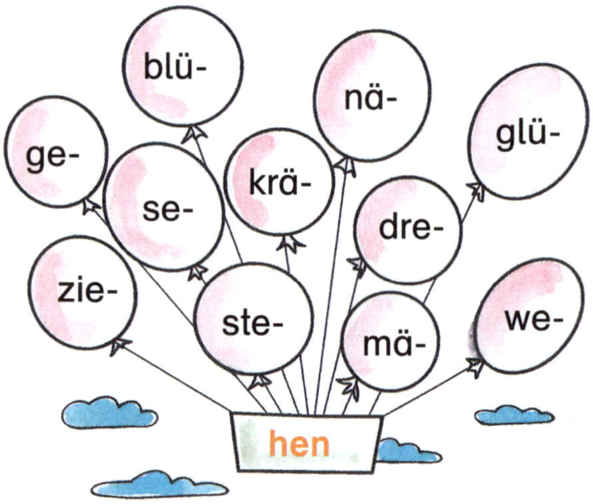

1 Sprich die Wörter. Schreibe sie in Silben zerlegt auf und markiere das h gelb.

2 Setzt die passenden Verben von Aufgabe 1 in der richtigen Form ein.

So ______________ man es noch in manchen Ländern.

Der Bauer ______________ früh auf. Er ______________ auf die Felder und ______________ das Getreide mit der Sense. Ein Esel ______________ den Karren.

Der Wind ______________ kräftig und ______________ die Flügel einer Windmühle.

Die Frau ______________ die Kleidung noch mit der Hand.

Im Ofen ______________ ein Holzfeuer.

3 Bilde mit Verben von Aufgabe 1 und den folgenden Wörtern zusammengesetzte Nomen.

Weg • Maschine (2) • Würmchen • Brunnen • Stuhl • Lampe • Hilfe

4 Markiere gelb: blühen, drehen, gehen, stehen, ziehen

1 Sprich die Wörter zu den Bildern und schreibe sie auf. Markiere das h gelb.

2 Finde weitere verwandte Wörter. Schreibe die Wortfamilien mit einem Partnerkind geordnet auf. Markiert das h gelb. Vergleicht und ergänzt mit der Klasse.

früh, fröhlich, näher, nah, froh, Frühjahr, ausruhen, ruhig

3 Bilde die genannten Zeitformen und schreibe sie auf.

	Gegenwart	1. Vergangenheit	2. Vergangenheit
sehen	sie		
leihen	er		
geschehen	es		

4 Markiere gelb: Fernseher, Kuh, Schuh, Zeh

5 Kannst du es? Seite 72 Aufgabe 13

1 Finde unter s/S Wörter mit zwei verschiedenen Konsonanten.

Saft,

2 Finde jetzt unter s/S Wörter mit doppelten Konsonanten.

sammeln,

3 Zerlege die Wörter von Aufgabe 1 und 2 in Silben. Wenn nötig, verlängere: Säf-te.

4 Welche Tricks helfen euch beim Richtigschreiben? Besprecht euch und schreibt die Wörter auf.

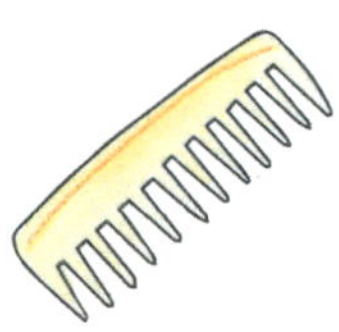

5 Setze die Adjektive passend zwischen Artikel und Nomen und sprich dazu in Silben.

hell • dumm • glatt • dünn • fett • schlimm • nass • schnell
Wurst • Streich • Fahrbahn • Läufer • Kleidung • Seil • Licht • Unfall

das helle Licht,

1 Welches Wort hilft euch beim Richtigschreiben? Besprecht euch und schreibt das Wort auf. Achtet auf die Groß- und Kleinschreibung.

Stammbaum	___	Schwimmbad	___
Treffpunkt	___	Sonntag	___
Stimmzettel	___	Dummheit	___
Passbild	___	Rollschuhe	___
Esszimmer	___	Fallschirm	___

2 Denke bei der 1. Vergangenheitsform an die Grundform des Verbs. Schreibe auf.

begann • musste • kannte • stellte • konnte • wusste • wollte

beginnen – begann, ___

___

___

3 Schreibe zu den folgenden Wörtern je ein verwandtes Wort.

Schatten • nass • kommen • Donner • Fluss
offen • Nummer • Mitte • passen • vergessen

4 Einfacher oder doppelter Konsonant? Besprecht euch und setzt ein.

f oder ff?:
ho___en • Ho___ • o___t • Pfi___ • pfei___fen • Lö___el
Kra___t • Klebsto___ • Lau___band • Gira___e • scha___en
Geschä___t • O___en • o___en • Ko___er • Lu___t • Ka___ee

r oder rr?:
Landka___te • He___ • He___z • I___tum • ko___igieren
Ala___m • Gita___e • da___in • gespe___t • Geschi___
erwä___men • abwä___ts • Pfa___er • Schme___zen • knu___en

5 Warum kann **Zeitung** nicht mit **tt** geschrieben werden? Begründet.

___

6 Markiere gelb: essen, fallen, kommen, können, müssen, schlimm, schnell, stellen, schwimmen, vergessen, wollen

Wörter mit ck

1 Sprich den Satz von Felix. Wie klingt der Laut vor dem **ck**? Schreibe auf.

____

2 Finde die Wörter mit **ck**. Markiere zuerst alle **ck** gelb.

v	e	r	s	t	e	c	k	e	n	k	g
u	o	b	a	c	k	e	n	x	o	b	l
w	p	ä	c	k	c	h	e	n	s	r	ü
e	e	c	k	e	d	x	c	k	t	ü	c
c	x	k	v	r	i	z	u	r	ü	c	k
k	o	e	n	s	c	h	r	e	c	k	v
e	t	r	o	c	k	e	n	x	k	e	i
n	n	t	z	u	c	k	e	r	o	n	z

waagerecht (8): ______________________________

senkrecht (7): ______________________________

3 Bilde aus dem Nomen ein Verb und schreibe es auf.

Verpackung – ____________ Stecker – ____________

Schreck – ____________ Geschmack – ____________

Trockner – ____________ Druck – ____________

4 Warum kann **merken** nicht mit **ck** geschrieben werden? Begründet.

5 Setze ein: **k** oder **ck**? Kontrolliere deine Lösung mit einem Partnerkind.

tan___en • Mü___e • Glo___e • Po___al • trin___en • Dreie___ • ha___en
Kra___e • Gepä___ • dre___ig • Bal___en • lo___er • wir___lich • Ja___e

6 Markiere gelb: backen, Bäcker, dick, Glück, Schreck, Stück, verstecken, zurück

1 Lies die Wörter mit tz und kennzeichne den kurzgesprochenen Laut vor tz mit einem Punkt. Ordne sie dann nach dem Alphabet.

Hitze • Pfütze • plötzlich • setzen • zuletzt • schwitzen • Platz • Sitz
letzte • Katze • schützen • verletzen • schmutzig • sitzen • Sätze

____

____

____

2 Setze die Verben in der richtigen Personalform ein. Schreibe dann den Text auf.

verletzen • sitzen • benutzen • schützen • verschmutzen

Ungereinigtes Abwasser ____________ unsere Flüsse. ____________ unsere Pflanzen und Tiere! Der Jäger ____________ auf dem Hochsitz. Er ____________ ein Fernglas und entdeckt ein Kitz. Es hat sich ____________.

3 Warum muss nützen mit tz geschrieben werden? Begründe.

____

4 Setze ein: z oder tz? Kontrolliere deine Lösung mit einem Partnerkind.

Mü___e • wi___ig • gei___ig • pu___en • Her___ • Spri___e • besi___en
Ker___e • je___t • Är___te • Schwan___spi___e • Mie___eka___e • zwan___ig

5 Markiere gelb: Pfütze, Platz, plötzlich, Satz, schützen, zuletzt

6 Kannst du es? Seite 72 Aufgabe 14

1 Schreibe die Wörter auf und trenne sie an der Nahtstelle.

2 Bilde zusammengesetzte Nomen wie in Aufgabe 1. Markiere die Nahtstellen gelb.

Gipfel • Rad • Schuhe • Graben • Termin • Leuchte • Lappen

der

3 Hier treffen **drei gleiche Konsonanten** zusammen. Verbinde und schreibe mit Artikel auf.

Pass	Fahrt		Bett	Farben
Schiff	Straße		Stoff	Tuch

4 Findet eigene Beispiele zu Aufgabe 2 oder 3. Stellt sie der Klasse vor.

1 Setze zusammen und schreibe auf. Markiere die Nahtstelle gelb. Was fällt dir auf? Vergleiche mit einer Partnerin oder einem Partner. Findet weitere Beispiele.

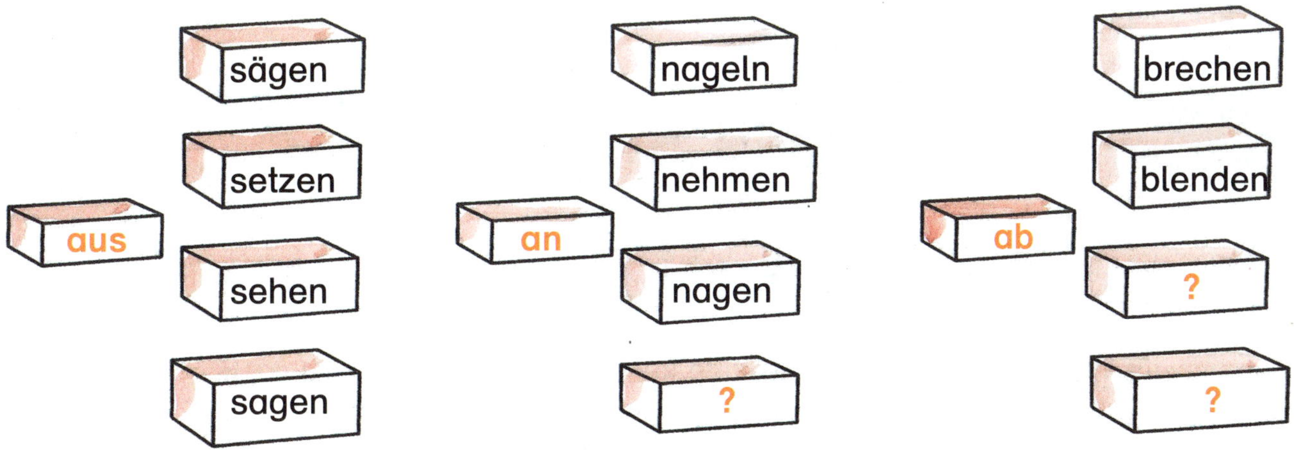

2 Bilde zu den Verben Nomen. Schreibe sie mit Artikel auf und markiere die Nahtstelle.

aufführen	überraschen	enttäuschen
unterrichten	einnehmen	aussprechen

3 Setze die Nomen von Aufgabe 2 mit Artikel richtig ein. Schreibe die Sätze dann auf.

______ ist dir wirklich gelungen.

______ deiner englischen Wörter ist sehr gut.

______ vom Schulfest beträgt 250 Euro.

______ endet heute schon um 12.15 Uhr.

______ war groß.

______ beginnt um 20.00 Uhr.

4 Schreibe mit den Verben oder Nomen von Aufgabe 2 eigene Sätze.

1 Sprecht die Wörter und kennzeichnet den kurzen Laut mit einem Punkt [•]. Kennzeichnet den langen Laut mit einem Strich [–]. Setzt dann ein: ss oder ß.

wi___en • Fu___ • Flu___ • Stra___e • hei___en • Me___er • Spa___ • e___en

drau___en • Nu___ • sü___ • au___er • Kla___e • grü___en • Ma___

kü___en • Strau___ • gro___ • Pä___e • wei___ • Ta___e • schlie___lich

2 Ergänze die Tabelle und ordne die Wörter von Aufgabe 1 richtig ein.

ss nach ___________ gesprochenem Vokal oder Umlaut	ß nach ___________ gesprochenem Vokal, Umlaut oder Zwielaut (Diphtong)

3 Bilde mit den Wörtern mit ß von Aufgabe 2 und den folgenden zusammengesetzte Nomen. Vergleiche mit einer Partnerin oder einem Partner.

Verderber • Bahn • Abstreifer • Band • Stoff • Ei • Brot • Schreibung

4 Markiere gelb: außer, draußen, Fuß, groß, heißen, Straße

1 Schreibe die Verben mit ß auf. Markiere das ß gelb.

 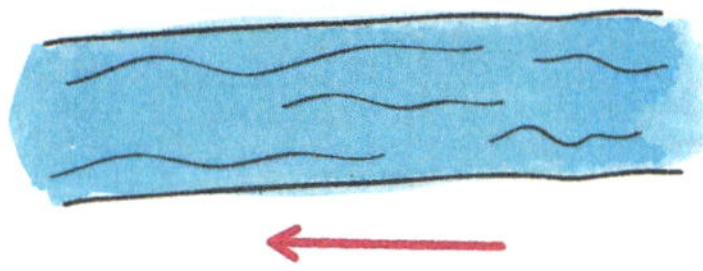  

2 Setze die Verben von Aufgabe 1 ein. Was fällt dir auf? Besprich dich mit einer Partnerin oder einen Partner und stellt eure Entdeckung in der Klasse vor.

Grundform	Gegenwart	1. Vergangenheit	2. Vergangenheit
gießen	ich		
	es		
	er		
	er		

3 Ordnet die Wortfamilien und findet noch weitere Beispiele.

groß • süß • Spaß • Süßigkeit • größer • spaßen
Größe • versüßen • spaßig

4 Schreibe mit den Verben von Aufgabe 1 gute Sätze in der Gegenwart und in der 1. Vergangenheit.

1. Wir trennen nach Sprechsilben:
Kä-fer
te-le-fo-nie-ren
Lo-ko-mo-ti-ve
El-tern

2. Ein einzelner Vokal darf nicht abgetrennt werden:
Uhu
Ra-dio
Amei-se
über-que-ren

3. Bei mehreren aufeinander treffenden Konsonanten kommt der letzte zur neuen Silbe:
Mit-tag, sit-zen
imp-fen, Äs-te

4. CH, CK und SCH gelten als ein Laut:
rie-chen
la-chen
Bä-cker
pa-cken
Fla-sche
Fi-sche

5. Zusammengesetzte Wörter werden in ihre Bausteine zerlegt:
Er-leb-nis
Ab-fall
Voll-korn-brot
schreck-lich

1 Setze die Silbenbögen unter die folgenden Wörter. Schreibe sie dann getrennt auf.

fertig • Käfig • wieder • heißen • erleben • Erde • blühen
werfen • draußen • Tiere • gestern • Ärztin • Skizze • heute
Städte • Geschichte • Handy • Bänder • niemals

2 Denke beim Trennen an die **Regel 2**.

Ehepaar • Ahorn • Elefantenkuh • Operation
Orange • Acker • überraschen • Ecke

3 Trennt die Wörter mit **tz** und begründet.

blitzen • letzter • Pfütze schützen • Schutzanzug • Katze • Plätze
Platzhalter • kratzen • schmutzig • sitzen • plötzlich Satzanfang • Sätze

1 Trenne die folgenden Wörter. Vergleiche mit einer Partnerin oder einem Partner.

Geschichte • Gesichter • Füchse • wichtig
Nächte • Fische • Maschine • deutsche
Taschentücher • backen • verstecken
glücklich • dicke • Päckchen • trocken
schrecklich • erschrecken • dreckig

2 Welche Trennregel gilt hier? Finde weitere Beispiele.

Müllabfuhr • Christbaum • vergesslich • Handschuh • Stadttor • Brotlaib

3 Welche Trennregeln können hier gelten? Überlege alleine, besprich dich dann mit einer Partnerin oder einem Partner. Stellt euer Ergebnis in der Klasse vor und vergleicht.

Zitrone • Paprika • Zebra • Magnet • Februar • Quadrat

4 Suche zu jeder Trennregel weitere Wörter.

1: ______ 2: ______ 3: ______

4: ______ 5: ______

1 So hat Nina den Tafeltext abgeschrieben. Markiere die Fehler.

Immer mehr Müll!	**Immer mehr Müll!**
Die Menschen produzieren immer	Die Menschen produzieren immer
mehr Müll. Papier, Plastik,	mer Müll: Papir, Plastik,
Verpackungen, Dosen, Flaschen –	Verpakungen, Dosen, Flaschen –
der Abfalleimer quillt über.	der Abfaleimer quillt über.
Durch Mülltrennung versucht man,	Durch Mülltrennung versucht mann,
das Problem zu lösen.	das problem zu lösen.
Bioabfälle werden kompostiert.	Bioabfälle werden Kompostiert.
Papier, Flaschen, Plastik und Metalle	Papier, Flaschen, Plastik und Metale
werden getrennt und wieder verwertet.	werden getrent und wieder verwertet.
Der Restmüll kommt in die Tonne.	Der Restmüll kommt in die Tonne.
Die Müllabfuhr leert diese regelmäßig	Die Müllabfuhr leert diese regelmäsig
und bringt den Abfall entweder	und bringt den Abfall entweder
in eine Müllverbrennungsanlage	in eine Müllverbrennunganlage
oder auf eine Deponie.	oder auf eine Deponi.

2 Schreibe die falsch abgeschriebenen Wörter von Aufgabe 1 richtig auf.

1 Kontrolliere die Groß- und Kleinschreibung der folgenden Wörter. Hake richtige Schreibweisen ab und markiere falsche. Bist du unsicher, hilft dir die Wörterliste.

werfen • pfütze • Schwierig • Straße • Heißen • stehen
Oben • glück • geburtstag • Viel • Hilfe • Vergesslich • linksabbieger
nichts • Zuletzt • wahr • christen • warum • ding • zurück • Groß

2 Schreibe die Wörter geordnet auf. Setze den passenden Artikel vor jedes Nomen.

Kleinschreibung	Großschreibung

3 Unterstreiche die Wörter, für die du einen Trick zum Richtigschreiben kennst. Vergleiche mit einer Partnerin oder einem Partner und besprecht die Tricks.

bleibt • Ertkunde • Quelwasser • schwer • Menner • lesen • Schuh
lenger • Milch • ziet • Langleufer • neben • Schwimbad • steigen
neu • Runtflug • schenken • sprinkt • kan • Dorf • Bergipfel

4 Schreibe jetzt nur die Wörter auf, an die du bei den unterstrichenen Wörtern von Aufgabe 3 denken musst, damit du sie richtig schreibst.

Die richtige Schreibweise mancher Wörter muss man sich einprägen.

5 Findet alle Fehler. Markiert sie und schreibt den Text dann fehlerfrei auf.

Zum Geburtztag hat Ben einen jungen Hund bekomen. Er heist Maxi und ist erst sieben wochen alt. Er libt es, gestreichelt zu werden und mit Ben auf dem Boden zu kempfen. Wenn jemand barfus get, versucht er, in die zehen zu beißen. Abents schläft er in seinem Körpchen vor Bens Bett. Er mus noch fiel lernen.

Wörter mit einer Aufpass-Stelle: Dehnungs-h

1 Das sind wichtige Wörter mit Dehnungs-h. Markiere Vokal oder Umlaut mit dem **Dehnungs-h** rot.

wählen • erzählen • bohren • zehn • ohne • hohl • belohnen
lehren • fehlen • wahr • ehrlich • gefährlich • führen • wohnen
sehr • mehr • ernähren • vorfahren • kühl • während

2 Ordne die Wörter von Aufgabe 1 nach dem Alphabet.

3 Aus welchen Wörtern von Aufgabe 1 könnt ihr Nomen bilden? Schreibt sie mit Artikel auf.

4 Schreibt Rätsel zu Wörtern mit **Dehnungs-h** und sammelt sie in eurer Rätselkartei.

5 Markiere rot: erzählen, fahren, mehr, sehr, wahr, wohnen, zehn

1 Untersucht die Wörter von Amanda und Felix. Beantwortet die Frage von Fridolin.

____

____

2 Vervollständigt die Wortfamilien. Vergleicht zum Schluss mit einer anderen Gruppe.

Verb	Nomen	Adjektiv	weiteres Wort
	Gefühl		
		fehlerhaft	
		erzählfreudig	
	Zahl		
		wohnungslos	

3 Setze passende Wörter mit **Dehnungs-h** ein.

Zu Beginn des Schuljahres ______________ wir zwei Klassensprecher.

Am Montagmorgen ______________ die Kinder von ihrem Wochenende.

Mit unseren Eltern ______________ wir mit der ______________ zum Zoo.

Obst und Gemüse gehören zu einer gesunden ______________.

Ist diese Geschichte ______________? Wer hat an dieser Straße ______________?

Diese Kreuzung ist sehr ______________. ________ Wasser kann man nicht leben.

4 Findet weitere Wörter mit **Dehnungs-h**. Sammelt sie in der Klasse auf einem Plakat.

1 Findet die Lösungswörter.

Getränk (2) ______________ • weiches Polster auf dem Waldboden: ______________

Menschen sammeln sie, Vögel fressen sie: ______________ • Tierpark: ______________

damit wiegt man etwas ab: ______________ • man kämmt sie: ______________

Gegenteil von voll: ______________ • zwei, die zusammengehören, sind ein ______________

Bei Kälte wird aus Regen ______________. • Das war eine gute ______________.

kleines Gewässer: ______________ • riesiges Gewässer: ______________

Feuchtgebiet: ______________

kleines Schiff: ______________

sie erfüllt Wünsche: ______________

2 Suche die Wörter von Aufgabe 1 in der Wörterliste, vergleiche die Schreibweise und markiere den doppelten Vokal in der Wörterliste rot.

3 Sucht zu jedem Begriff zusammengesetzte Nomen mit Artikel.

Meer	See	Haar

4 Schreibe zu Wörtern von Aufgabe 1 gute Sätze.

1 Setzt die Lösungswörter aus den folgenden Silben zusammen. Streicht immer durch.

AD • BEN • BER • DIG • KA • KLA • LE • LEICHT • MI • NE • NO
SE • SIL • STÄN • TA • TER • TER • TIL • VA • VA • VEM • VEN • VENT
VER • VES • VI • VIEL • VIEL • VIER • VIER • VO • VOLL • ZIG

lateinischer Ausdruck für Tunwörter: ______________ • Elternteil: ______________

Verschluss am Fahrradreifen: ______________ • Behälter für Blumen: ______________

wenn nichts mehr fehlt, ist es: ______________ • Zahl: ______________

lateinischer Ausdruck für Selbstlaute: ______________ • Monatsname: ______________

letzter Tag im Jahr: ______________ • Gegenteil von wenig: ______________

es ist noch nicht sicher: ______________ • Zeit vor Weihnachten: ______________

Tasteninstrument: ______________ • wichtig für die Gesundheit: ______________

2 Suche die Lösungswörter in der Wörterliste, vergleiche und markiere v/V rot.

3 Schreibe zu den Lösungswörtern ganze Sätze.
Beispiel: Der lateinische Ausdruck für Tunwörter heißt ...

Die Vorsilben **VER-** und **VOR-** schreibt man immer mit **v/V**.

4 Setze v/V oder f/F richtig ein. Korrigiere dann mit der Wörterliste.

__amilie • __ergessen • __orsicht • __ahren • __ielleicht • __ase

__remd • __oll • __ier • __ernseher • __uchs • __itamine

__erben • __uß • __erwandt • __ormittag • __erien • __erstecken

Wörter mit einer Aufpass-Stelle: ä

1 Untersucht die Wörter von Felix und beantwortet seine Frage.

2 Schreibe die Nomen mit Artikel auf. Markiere die bleibende Aufpass-Stelle rot.

3 Schreibe gute Sätze mit Wörtern von Aufgabe 2.

4 Ergänze die Rätselkartei. Schreibe Rätsel zu Wörtern von Aufgabe 2.

5 Markiere rot: Bär, Käfig, Käse, Mädchen, Märchen

Wörter mit einer Aufpass-Stelle: i

1 Schreibe die Namen der Maschinen auf. Markiere das i rot.

2 Die Endung -in und -ine findest du bei den folgenden Rätselwörtern.

Obst und Gemüse haben:

viele Autos brauchen es zum Fahren:

eine orangefarbene Frucht:

man nimmt sie, wenn man krank ist:

sie verschüttet Häuser und Menschen:

dadurch zieht der Rauch ab:

Reste einer alten Burg:

ein fester Zeitpunkt z. B. beim Arzt:

3 Auch diese Wörter haben nur ein i. Schreibe zu jedem Wort einen Satz.

Tiger • Biber • Krokodil • Kino • Ventil • Klima • Ski • Augenlid • Familie

4 Markiere rot: Familie, Klima, Maschine, Tiger

5 Kannst du es? Seite 73 Aufgabe 16

1 Welche englischen Fremdwörter kennst du? Vergleiche mit einem Partnerkind. Erstellt in der Klasse ein Plakat.

2 Schreibe zu folgenden Fremdwörtern je einen guten Satz.

Trainer • Clown • Jeans • fair • joggen • Computer • mailen • Bike

3 Gib deine Sätze von Aufgabe 2 einer Partnerin oder einem Partner zum Kontrollieren. Besprecht eure Fehler und korrigiert gemeinsam.

4 So kannst du dir fünf wichtige Wörter mit th/Th merken. Markiere rot. Präge dir dann den Satz ein, decke ab und schreibe auswendig auf. Vergleiche nun.

Thomas kauft in der Apotheke neben dem Theater ein Thermometer für Mathematik.

5 Markiere rot: Computer, fair, Jeans, joggen, Mathematik, Trainer

1 Diese Fremdwörter brauchst du für das Fach Mathematik.
Verbinde mit dem entsprechenden deutschen Wort oder dem Zeichen.

addieren dividieren multiplizieren subtrahieren plus minus

teilen malnehmen zusammenzählen + abziehen –

2 Rechne aus und schreibe jeweils das passende Verb und Nomen darunter.

Multiplikation • Addition • Division • Subtraktion

400 : 80 =

$$\begin{array}{r} 12456 \\ +\ 27544 \\ \hline \end{array}$$

$$\begin{array}{r} 53762 \\ -\ 42387 \\ \hline \end{array}$$

$\underline{567 \cdot 8}$

__________ __________ __________ __________

__________ __________ __________ __________

3 Diese lateinischen Fremdwörter brauchst du im Fach Deutsch. Setze passend ein.

Adjektiv • Nomen • Artikel • Verb • Pronomen • Subjekt • Objekt • Prädikat

Die __________ *essen, kommen, stellen und vergessen* haben einen doppelten Konsonanten. *Verkehr, Vorfahrt, Gefahr und Erzählung* sind __________ mit einem Dehnungs-h. Bei den __________ *fremd, gelb, rund, gesund und lieb* muss man auf den letzten Laut achten. *Der, die, das* und *ein, eine* sind __________. *Mein, dein sein, ihr, euer, unser* sind __________. Benenne die Satzglieder im folgenden Satz:

Der Rektor informiert die Klassensprecher.

Der Rektor: __________ informiert: __________

die Klassensprecher: __________

4 Suche weitere Fremdwörter. Vergleiche mit einer Partnerin oder einem Partner. Stellt eure Fremdwörter in der Klasse vor.

____

____

1 Markiere die Wörter mit gleicher Schreibung des **ks-Lauts** jeweils in derselben Farbe.

2 Ergänze und ordne die Wörter von Aufgabe 1 zu. Markiere den **ks-Laut** rot.

ks-Laut als _____: ____________________

ks-Laut als _____: ____________________

ks-Laut als _____: ____________________

ks-Laut als _____: ____________________

3 Bilde mit Wörtern von Aufgabe 2 zusammengesetzte Nomen.

____

4 Mache mit den Sätzen ein Aufschreibtraining. Kontrolliert gegenseitig.

Sechs kleine Füchse spielen neben dem Fuchsbau. Bei Gefahr wechselt die Füchsin mit den Jungen den Bau. Ganz in der Nähe hat der Dachs seine Höhle.
Im Bayerischen Wald gibt es wieder Luchse.
Auch seltene Farne wachsen dort.
In manchen Flüssen laichen wieder Lachse.

5 Schreibt zu Wörtern mit **ks-Laut** Rätsel für eure Rätselkartei.

6 Markiere den **ks-Laut** rot: Fuchs, Hexe, links, sechs, Taxi, Text

1 Setze die Anredepronomen richtig ein und schreibe den Brief auf.

Lieber Antonio,

vielen Dank für ____________ Brief. Ich muss ______ ein Kompliment machen, ______ kennst schon viele deutsche Wörter. Leider verstehe ich _________ Sprache kaum. Was machst ______ in den Ferien? Wir würden _________ und _________ Schwester gern nach Deutschland einladen. Mein Vater hat geschäftlich in Trient zu tun und könnte __________ im Auto mitnehmen. Was sagst ______ zu dieser Idee?

Tanti saluti

__________ Brieffreund Tim

2 Setze die Anredepronomen richtig ein und schreibe den Brief auf.

Sehr geehrter Herr Härtling,

wir haben in der Schule ________ Buch „Ben liebt Anna“ gelesen. Nun kommen wir mit einer Frage und Bitte zu __________. Würden ________ eine Autorenlesung an unserer Grundschule halten? Wir wissen, dass ________ wenig Zeit haben, aber bei uns gibt es viele Schüler, die _______ und ________ Bücher kennenlernen möchten. Auf __________ Antwort sind wir sehr gespannt.

Mit freundlichen Grüßen

__________ Klasse 4b der Grundschule Durach

Wir üben Wörter mit Aufpass-Stellen

1 Schreibe zu den Stichwörtern und Bildern Sätze in der 1. Vergangenheit. Vergleiche mit einer Partnerin oder einem Partner.

	lesen			fahren	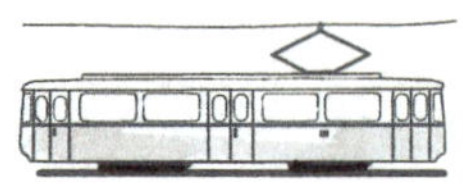
	stehen			essen	
	bringen			sitzen	

____

____

____

____

____

____

2 Setze passende Wörter ein. Korrigiere anschließend mithilfe der Wörterliste.

__________ und __________ sind zwei italienische Gerichte. __________, __________ und __________ sind Waldtiere. Die höchste __________ auf einem Würfel ist die __________. __________, __________ und __________ haben einen langen i-Laut, den man nur mit i schreibt. München ist eine __________. Wörter mit ee: __________, __________, __________, __________.

1 Schreibe zu den Bildern gute Sätze in der Gegenwart.
Vergleiche mit einer Partnerin oder einem Partner.

2 Welche Wörter könnt ihr aus dem Silbensalat zusammensetzen?

MÄR ßEN SCHU WANDT XI LEICHT MEN HAN SAM

TEN VIEL VER CHEN CHRIS HE

ZU VER DY ßEN GA MEN HEI TA

1 Was passt zusammen? Überlege allein. Tausche dich dann mit einem Partnerkind aus. Besprecht die Lösung in der Klasse.

1	Elena jubelt:		Mein Fuß tut so weh!
2	Harut erkundigt sich am Schalter:	1	Ich habe ein Fahrrad gewonnen.
3	Mutter mahnt:		Wir könnten ins Kino gehen.
4	Der kleine Junge jammert:		Wann beginnt das Training?
5	Anna schlägt vor:		Wann fährt ein Zug nach München?
6	Leon fragt seinen Freund:		Am Sonntag waren wir im Zoo.
7	Niklas erzählt:		Kommt bitte nicht zu spät zum Essen.

2 Schreibe die Redebegleitsätze und die wörtliche Rede auf. Markiere die Satzzeichen farbig.

Elena jubelt: „Ich habe ein Fahrrad gewonnen!“

1 Stelle fünf Sätze von Aufgabe 2 auf Seite 62 um.
Markiere die Satzzeichen und die Kleinschreibung nach dem Komma.

„Ich habe ein Fahrrad gewonnen!", jubelt Elena.

2 Schreibt die Sätze aus den Sprechblasen auf. Überlegt euch mit den folgenden Verben einen passenden Redebegleitsatz und wechselt dessen Stellung ab.

flüstern • sich erkundigen • loben • mahnen • meckern • auffordern

1 Kontrolliere die folgenden Wörter. Hake richtige ab und markiere Fehlerstellen. Schreibe dann alle Wörter richtig auf.

Seestern ☐	vieleicht ☐	links ☐	Famielie ☐	Viereck ☐
Großstäte ☐	Radfahrer ☐	Skize ☐	Brotlaib ☐	Warheit ☐
Meikäfer ☐	Stirnbant ☐	verwandt ☐	Dreorgel ☐	Follmilch ☐

____

____

____

____

2 Finde die Fehler und markiere sie. Die Anzahl der Striche und die Wörterliste helfen dir. Schreibe den Text anschließend fehlerfrei auf. Kontrolliert dann gegenseitig.

| Sicherheit im Verker
| In der 4. Klasse lernen die Schülerinen und Schüler für die
|| Fahradprüfung. Wer mit dem Fahrrad unterweks ist, muss
|| die wichtigsten regeln und Verkehrzeichen kennen.
|| Mit einem Polizisten Üben die Kinder das Linksabiegen.
|| Dazu muss man sicher einhendig fahren könen.
||| Zum schluss beantworten die Viertkläsler fragen und
||| faren eine Teststreke auf dem Sportplatz. Der Fahrradpas
|| bestätikt, dass man die prüfung bestanden hat.

3 Kannst du es? Seite 73 Aufgabe 17

1 Lest den Text aufmerksam durch und markiert gemeinsam die Fehler. Überprüft die richtige Schreibweise dann mit dem Wörterbuch und schreibt die Wörter auf.

Ausflug nach München

München ist die Hauptstad von Bayern. Sie hat über 1,5 Milionen Einwohner. Die Besucher reisen aus allen Lendern der Welt an. Auch der Zo mit seinen vielen verschidenen Tieren ziet die Besucher an. Das Deutsche Museum ist ser interessant. Unsere klasse hat es besucht. Zum Schlus sind wir noch durch die Fußgengerzone mit den unzähligen Geschäften gegangen. Mit dem Zug furen wir wieder nach Kempten zurük.

2 Schreibe einen Text über deinen heutigen oder gestrigen Schultag.

3 Lies deinen Text von Aufgabe 2 jetzt noch einmal genau durch. Denke an folgende Punkte und kontrolliere. Gib ihn dann deiner Lehrkraft zur Korrektur.

Keinen Buchstaben vergessen?	☐	Alle Umlautstriche gesetzt?	☐
Großschreibung der Nomen überprüft?	☐	Aufpass-Stellen beachtet?	☐
An alle gelernten Regeln gedacht? (Wörter verlängern, an verwandte Wörter denken, zusammengesetzte Wörter überprüfen.)			☐

4 Korrigiere die Fehler, die dir deine Lehrkraft bei Aufgabe 2 angestrichen hat.

5 Kannst du es? Seite 73 Aufgabe 18

Lautgetreue Nomen

Arm, Arzt, Ast, Aufgabe, Auge, Auto, Bauch, Baum, Beruf, Blume, Blüte, Boden, Brot, Bruder, Buch, Ding, Dorf, Eltern, Ende, Ente, Erde, Feder, Fenster, Ferien, Finger, Fisch, Flasche, Frau, Gabel, Gemüse, Geschichte, Gesicht, Gras, Hals, Hase, Hose, Hunger, Junge, Kopf, Licht, Loch, Luft, Maus, Medien, Mensch, Milch, Minute, Monat, Nacht, Nadel, Nagel, Name, Nase, Natur, Nebel, Ofen, Onkel, Paket, Pilz, Pinsel, Raupe, Sache, Saft, Salz, Schere, Schule, Schwester, Seite, Sekunde, Stein, Stern, Stift, Stunde, Tante, Tasche, Telefon, Tomate, Tür, Wagen, Winter, Woche, Wolke, Wurst, Wurzel, Zeit, Zeitung, Zukunft

Nomen mit ie

Beispiel, Biene, Brief, Fliege, Lied, Miete, Papier, Spiegel, Tier, Wiese, Ziege, Ziel, Zwiebel

Nomen mit Qu

Quader, Quadrat, Quartett, Quatsch, Quelle

Nomen mit silbentrennendem-h

Ehe, Floh, Fernseher, Höhe, Krähe, Kuh, Mühe, Nähe, Reh, Ruhe, Schuh, Zeh

Nomen mit ä/Ä von a/A und äu/ von au

Äpfel, Ärzte, Äste, Bäcker, Bänder, Blätter, Gräser, Hände, Länder, Männer, Nächte, Plätze, Räder, Säfte, Sätze, Städte, Wälder

Bäume, Häuser, Mäuse, Sträucher

Nomen mit Auslautverhärtung

Abend, Band, Bild, Freund, Geld, Hand, Hund, Kind, Kleid, Land, Mond, Mund, Pferd, Sand, Wald, Wand, Wind

Bub, Dieb, Korb, Sieb, Stab, Urlaub

Berg, Burg, Flugzeug, Tag, Weg, Zug

Nomen

→ geben Sichtbarem und Unsichtbarem einen Namen.
→ können in der Einzahl und in der Mehrzahl stehen.
→ haben einen Artikel.
→ schreibt man groß.

Nomen mit doppelten Konsonanten, ck und tz

Ball, Blatt, Brille, Fluss, Füller, Gewitter, Himmel, Klasse, Löffel, Messer, Mittag, Mutter, Nummer, Puppe, Schlüssel, Schüssel, Sommer, Sonne, Tasse, Teller, Wasser, Zimmer

Bäcker, Brücke, Ecke, Glück, Rock, Rücken, Schreck, Stück, Zucker

Blitz, Katze, Pfütze, Platz, Spitze

Nomen mit ß

Fleiß, Fuß, Spaß, Straße, Strauß

Nomen mit Dehnungs-h

Bahn, Erzählung, Fehler, Frühling, Jahr, Gefahr, Gefühl, Höhle, Lehrer, Nahrung, Ohr, Sohn, Stuhl, Verkehr, Vorfahrt, Wohnung, Zahl, Zahn

Nomen mit v/V

November, Vase, Vater, Verb, Vogel, Vulkan

Nomen mit doppeltem Vokal

Beere, Boot, Haare, Meer, Paar, Schnee, See, Tee, Waage, Zoo

Nomen mit sonstigen Aufpass-Stellen

Hexe, Lexikon,Taxi, Text
Eidechse, Fuchs, Luchs, sechs

Käfer, Käfig, Mädchen, Märchen

Familie, Maschine, Termin, Tiger

Cent, Christ, Clown, Computer

Hai, Laib, Kaiser, Mai, Mais

Baby, Handy, Party, Pony, Teddy

Pizza, Skizze, Stadt

Lautgetreue Verben

antworten, arbeiten, baden, bauen, bleiben, danken, denken, finden, holen, hören, kaufen, lernen, lesen, machen, malen, rechnen, reden, reisen, reiten, rufen, scheinen, schenken, schneiden, sparen, sprechen, springen, suchen, tanken, trinken, turnen, warten, weinen

Verben mit ie

fliegen, fotografieren, frieren, informieren, kriechen, lieben, liegen, riechen, schieben, spazieren, spielen, telefonieren, wiegen, zielen

Verben mit silbentrennendem-h

blühen, drehen, fernsehen, gehen, glühen, sehen, stehen, ziehen

Verben mit doppelten Konsonanten, ck und tz

beginnen, bitten, brennen, essen, fallen, fassen, fressen, füllen, gewinnen, hoffen, kämmen, kennen, kommen, können, lassen, müssen, nennen, öffnen, passen, rennen, rollen, sammeln, sollen, stellen, stimmen, schwimmen, treffen, wetten, wollen

backen, blicken, decken, drücken, erschrecken, packen, verstecken, wecken

blitzen, kratzen, nützen, putzen, schützen, schwitzen, setzen, sitzen, verletzen

Verben mit ä/Ä von a/A und äu/ von au

hängen, wärmen

läuten, räumen, schäumen, träumen

Verben mit ä/Ä von a/A und äu/ von au in der Personalform

blasen, fallen, fangen, halten, lassen, raten, schlafen, schlagen, waschen, tragen

laufen

Verben

- → sagen uns was geschieht.
- → haben eine Grundform und verschiedene Personalformen.
- → stehen in verschiedenen Zeitstufen.

Verben mit Auslautverhärtung in der Personalform

bleiben, erlauben, geben, leben, lieben, schieben, schreiben, üben

biegen, fliegen, fragen, legen, liegen, pflegen, sagen, schlagen, schweigen, singen, springen, steigen, tragen, wiegen, zeigen

werden

Verben mit ß

beißen, fließen, gießen, grüßen, heißen, schießen, schließen

Verben mit Dehnungs-h

bezahlen, belohnen, bohren, ernähren, erzählen, fahren, fehlen fühlen, führen, kühlen, lehren, nehmen, rühren, umkehren, wählen, wohnen, zählen, zahlen

Verben mit ver- und vor-

vergessen, verlieren, verstecken

vorfahren, vorlesen, vorstellen

Verben mit sonstigen Aufpass-Stellen

wachsen, wechseln

boxen, hexen, mixen

joggen, mailen, skizzieren, trainieren

Lautgetreue Wörter

alt, arm, blau, böse, braun, bunt, deutsch, dunkel, eng, fein, frei, frisch, geheim, genau, gerade, grau, grün, gut, hart, jung, kalt, klar, klein, krank, kurz, lang, laut, leise, reich, rot, sauber, scharf, schlecht, schön, schwarz, schwer, stark, stürmisch, warm, weit

aber, acht, als, am, an, auf, aus, bei, bin, bis, bist, da, das, dein, dem, den, der, des, dich, drei, durch, ein, er, es, eins, elf, euch, euer, fünf, für, ganz, gleich her, heute, hin, hinter, hundert, in, ins, ja, jede, kein, man, mein, mich, mir, mit, morgen, nach, neben, neun, nicht, nun, nur, ob, oben, oder, oft, schon, sein, seit, sich, so, sofort, über, um, uns, unten, unter, warum, was, weil, weiter, welche, wem, wen, wer, wo, zu, zum, zur, zwei, zwölf

Wörter mit ie

lieb, neugierig, schief, schwierig, tief

die, dies, nie, niemals, sie, sieben, wie

Wörter mit Auslautverhärtung

gelb, halb, lieb, trüb

blind, fremd, freundlich, gesund, jugendlich, rund, tausend, wild

ab, seid, sind, und

dreckig, durstig, eckig, fertig, hungrig, neugierig, richtig, ruhig, sandig, sonnig, schmutzig, schwierig, vorsichtig, wenig, wichtig

Wörter mit silbentrennendem-h

froh, früh, höher, nah, roh, ruhig, weh

Wörter mit ä von a und äu/ von au

ähnlich, älter, ängstlich, ärgerlich, gefährlich, härter, kälter, kräftig, länger, näher, schädlich, schärfer, stärker

häufig

Adjektive

→ sagen uns, wie etwas ist.
→ können in verschiedenen Vergleichsstufen stehen.

Wörter mit doppelten Konsonanten, ck und tz

besser, dumm, dünn, fett, flüssig, glatt, hell, nass, offen, sonnig, schlimm, schnell, still

alle, dann, denn, hoffentlich, immer, wann, wenn, zusammen

dick, dreckig, eckig, glücklich, schrecklich, trocken

zurück

besetzt, spitz, schmutzig

letzte, plötzlich, zuletzt

Wörter mit ß

fleißig, groß, heiß, süß, weiß

außen, außer, bloß, draußen, schließlich

Wörter mit Dehnungs-h

ehrlich, fehlerfrei, hohl, kühl, wahr

ihm, ihn, ihr, mehr, ohne, sehr, zehn

Wörter mit v

brav, voll, vollständig

bevor, viel, vielleicht, vier, vierzig, vom, von, vor

Wörter mit doppeltem Vokal

leer, ein paar

Wörter mit sonstigen Aufpass-Stellen

spät, während

dir, lila, mir, wir

links, nächste, sechs

nichts, verwandt

1 Unterstreiche im Text die Nomen und schreibe sie nach dem ABC geordnet auf.

Im Mittelalter wurden viele Städte gegründet. Eine hohe Stadtmauer schützte sie. Nur durch die bewachten Stadttore konnten die Bauern am Markttag zum Marktplatz kommen. Dort verkauften sie ihre Waren: Obst, Gemüse, Hühner und Eier. Begehrt waren die fremdländischen Gewürze beim Händler: Ingwer, Nelken, Zimt, Muskat oder Pfeffer. Auch heute gibt es in allen Städten noch einen Markt.

2 Übe mit diesem Text das richtige Aufschreiben.

Markiere Sinnschritte und Aufpass-Stellen.

Der Wasserkreislauf

Bei Wärme verdunstet Wasser und steigt als Wasserdampf in die Luft. Die Wasserteilchen lagern sich um Staubteilchen, die sich in der Luft befinden. In den kälteren Höhenschichten kondensieren die Wasserteilchen. Sie bilden eine Wolke. Werden die Wassertropfen in der Wolke zu schwer, fallen sie als Regen, Hagel oder Schnee auf die Erde. Ein Teil versickert, ein Teil verdunstet. Der Kreislauf beginnt von Neuem.

3 Ordne die Wörter nach offenen und geschlossenen Silben.

tanken • Bänder • Käfig • können • schreiben • Eltern • merken
Zeitung • Leute • trinken • Kühe • helfen • Steine • Äste
Boden • gerade • unser • draußen • immer • riechen

Wörter mit offenen Silben	Wörter mit geschlossenen Silben

4 Unterstreiche die Satzanfänge und die Nomen. Schreibe den Text dann korrigiert auf.

in unserer klasse sind kinder aus fünf verschiedenen ländern damirs eltern flohen aus jugoslawien dort herrschte ein schrecklicher krieg er kam schon in deutschland auf die welt zwei jungen kommen aus russland das leben dort war sehr schwierig da ihre urgroßeltern aus deutschland stammten, durften sie umsiedeln am anfang des schuljahres kam ein mädchen aus frankreich zu uns in die klasse ihre mutter unterrichtet für einige zeit an unserem gymnasium dann gibt es noch ilja sie hat ihre eltern bei dem furchtbaren erdbeben in haiti verloren und wurde von einer deutschen familie adoptiert ich glaube, manchmal hat sie noch heimweh

5 Bilde aus jedem der folgenden Wörter ein Nomen und schreibe es mit Artikel auf.

backen • genau • singen • schwierig • wahr • schneiden
reich • stark • fahren • neu • sprechen • springen • tief
alt • erschrecken • dumm • erzählen

6 Suche zu den folgenden Nomen mindestens drei zusammengesetzte Nomen.

Arzt:

Straße:

Stadt:

Maschine:

7 Bilde aus den folgenden Nomen Verben.

Hilfe • Geschenk • Getränk • Luft • Donner • Blitz • Verlierer • Versteck • Blüte (!) • Tank

8 Setze jeweils ein passendes Verb ein und schreibe die Sätze auf.

Mutter ? mich jeden Morgen um 7.00 Uhr. Ein paar Minuten ? ich noch vor mich hin. Dann ? ich ins Bad, ? meine Zähne, ? mein Gesicht und ? meine Haare. Zum Frühstück ? ich am liebsten Müsli mit viel Obst. Mein Pausenbrot ? ich in den Ranzen, ? mich an und ? zur Bushaltestelle. Der Schulbus ? um 20 Minuten vor 8.00 Uhr ab. Im Bus ? ich mich neben meine Freundin. Ich ? ihr die neuesten Streiche meines Hundes. Der Unterricht ? um 8.00 Uhr. Ich ? mich besonders auf die Musikstunde.

9 Setze vor jedes Nomen ein passendes Adjektiv. Schreibe es mit Artikel auf.

Band • Mann • Text • Brücke • Fuchs • Skizze • Abend • Pizza • Käfer • Familie

10 Finde das Gegenteil und schreibe es auf.

alt | eckig | lang | schwach | klug | leer

leicht | hoch | gut | langsam | klein | dünn

11 Schreibe zu den folgenden Wörtern das Wort auf, das dir beim Richtigschreiben hilft.

Lan?schaft →	Schrei?hef? →
Luf?pumpe →	Ra?we? →
Er?boden →	San?bur? →
Stau?sauger →	Bro?kor? →
Die?stahl →	Wal?honi? →

12 Setze ein und schreibe die Wörter in die entsprechende Zeile.

e/E oder ä/Ä? G__rtnerin • schw__r • w__chseln • verl__ngern • __ste
H__rbst • Laubw__lder • __ndspurt • s__chs • Obsts__fte

e/E: ______________________________

ä/Ä: ______________________________

eu/Eu oder äu/Äu? Bel___chtung • vertr___mt • Eisl___ferin • ___ropäer
___lenspiegel • Str___cher • Z___gnis • h___fig • n___

eu/Eu: ______________________________

äu/Äu: ______________________________

13 Setze ein passendes Wort mit **silbentrennendem h** ein und schreibe die Sätze auf.

Kemal sitzt vor dem ?. Er ? einen spannenden Film über Löwen. Der Reporter ? sich einer Gruppe. Die Löwin ? den Kopf in seine Richtung und wird ?. Da ? der Mann schnell in Deckung und ? sich zurück.

____

____

____

____

____

14 Die Reimwörter haben alle einen **doppelten Konsonant**, ein **ck** oder ein **tz**. Setze ein und schreibe auf.

Gemütlich in der Sauna ? und aus allen Poren ?. Menschen ?, Tiere ?.
Erst muss man die Plätzchen ?, dann kann man sie in die Dose ?.
Ich saß auf einer weichen ? vor einer grünen, dichten ?.
Die grellen ? trafen die Kirchturm ?.
Du musst den Mann doch ? und kannst mir seinen Namen ?.
Der Elefant mit seinem ? trank Wasser aus der großen ?.
Du darfst nicht ?, die Länge des Vorhanges abzu ?.
Die Unordnung in deinem ? wird wirklich immer ?.
Ich lief ein kurzes ? ? – das war mein ?.

15 Bilde Wörter zu den folgenden Wortstämmen und schreibe sie auf.

FAHR: ______________________________

BACK: ______________________________

SCHÜTZ: ______________________________

SCHWIMM: ______________________________

16 Suche zu diesen Wörtern jeweils zwei weitere, die dieselbe Aufpass-Stelle haben.

17 Hake richtige Schreibweisen ab und schreibe falsche verbessert auf.

Linksabieger ☐	Christbaum ☐	Auslender ☐	Hantasche ☐	wieder ☐
Abfall ☐	Sehhund ☐	wahrheit ☐	Textaufgabe ☐	zehn ☐
Vergaßen ☐	Käufer ☐	zuletzt ☐	Manschaft ☐	Skitze ☐

____

____

18 Markiere die Fehler und schreibe den Text dann fehlerfrei auf.

Frösche könen an lant und im Wasser leben. Wenn sie im Früjahr aus ihrer Winterstarre erwachen, wandern sie zu einem Gewesser um zu laichen[1].
Die kleineren Mänchen setzen sich auf den Rüken der Weibchen und lassen sich zum Wasser tragen. Unzälige Eier befinden sich in dem befruchteten Laichballen. Aus ihnen Schlüpfen nach einiger zeit winzige kaulquappen. Sie haben Kiemen und einen Ruderschwanz. Sie fresen Wasserpflanzen. In ungefehr 3 – 4 Wochen entwikelt sich die Kaulquappe zu einem kleinen Frosch. Er atmet jetzt mit Lungen und frisst insekten, kleine Schneken und Würmer.

[1] laichen nennt man die Eiablage von Fischen und Lurchen wie z.B. Frösche und Kröten.

a/A

ab
abbiegen
Abend, der
Abende, die
abends
Abfall, der
abnehmen
addieren
Addition, die
Adjektiv, das
Advent, der
Affe, der
alt, älter
am
Ampel, die
an
Angst, die
ängstlich
antworten
Apfelsine, die
Apotheke, die
Arbeit, die
ärgerlich
Arm, der
Artikel, der
Arzt, der
Ärzte, die
Ärztin, die
Ast, der
Äste, die
außen
außer

b/B

Baby, das
backen
Bäcker, der
Bäckerin, die
Bad, das
Bäder, die
Bagger, der
Band, das
Bänder, die
Bank, die
Bänke, die
Bär, der
Beere, die
beginnen, begannen
Beispiel, das
beißen, bissen
bekommen
Benzin, das
Berg, der
Berge, die
Beruf, der
bestätigen
Bett, das
Betten, die
Bibel, die
Biber, der
biegen, bogen
Biene, die
Bike, das
Bild, das
Bilder, die
Bilderrahmen, der
bin, bist
bis
bleiben, bleibt, blieben
Bleistift, der
blicken
blind, blinde
Blitz, der
Block, der
blühen, blüht
Boden, der
Boot, das
Bräutigam, der
Brief, der
Briefe, die
Brille, die
bringen
Brot, das
Brücke, die
Burg, die
Burgen, die
Bus, der
Busse, die

c/C

Cent, der
Christ, der
Clown, der
Computer, der

d/D

Dachs, der
dankbar
dann
dein, deinem, deinen
denn
der, des, dem, den
deutlich
Deutschland
dick
Dieb, der
Diebe, die
dies, diesem, diese
Ding, das
dividieren
Division, die
Donner, der
donnern
Dorf, das
dort
draußen
drehen, dreht
dumm, dumme
Dummheit, die
dürfen
Durst, der
durstig, durstige

e/E

Ecke, die
eckig, eckige
Ehepaar, das
ehrlich
Ehrlichkeit, die
ein, einem, einen
Elefant, der
Eltern, die
E-Mail, die
Ende, das
endlich
Energie, die
Erdbeere, die
Erde, die
erlauben, erlaubt
Erlaubnis, die
erleben, erlebt
Erlebnis, das
Ernährung, die
erschrecken
erst
erzählen
Erzählung, die
essen, isst, aßen
etwas
euch
euer, eurem, euren
Eule, die
Europa

f/F

fahren, fährt, fuhren
Fahrrad, das
Fahrzeug, das
fair
fallen, fällt, fielen
Familie, die
Farbe, die
Fee, die
Fehler, der
Ferien, die
fernsehen
Fernseher, der
fertig, fertige
Feuer, das
Finger, der
Fisch, der
Flasche, die
fliegen, fliegt,

flogen
fließen, fließt,
flossen
Flug, der
Flüge, die
Flugzeug, das
Fluss, der
Flüsse, die
fotografieren
Frage, die
fragen
Frau, die
frei
Freiheit, die
fremd, fremde
fressen, frisst,
fraßen
Freude, die
Freund, der
Freunde, die
froh, frohe
fröhlich
Fröhlichkeit, die
früh, früher
Frühling, der
Frühstück, das
Fuchs, der
fühlen
Fuß, der
Fußgänger, der

g/G

ganz, ganzem,
ganzen
Gast, der
Gäste, die
geben, gibt, gaben
Geburtstag, der
Gefahr, die
gefährlich
Gefühl, das
gegen
geheim
gehen, geht, gingen
gehören
Geld, das
Gelder, die
genau
Genauigkeit, die
gerade
gern
Geruch, der
Geschäft, das
geschehen,
geschieht,
geschahen
Geschenk, das
Geschichte, die
Gesicht, das
Gespräch, das
gestern
gesund, gesunde
Gesundheit, die
Getränk, das
gewinnen, gewann,
gewonnen
gießen, gossen
giftig, giftige
gleich
Glück, das
glücklich
glühen, glüht
Grab, das
Gräber, die
groß
Größe, die
Gruß, der
grüßen
gut

h/H

Haar, das
Hals, der
Hälse, die
halten, hält, hielten
Hand, die
Hände, die
Handtuch, das
Handy, das
Hang, der
Hänge, die
Häuptling, der
Heft, das
heißen, hießen
helfen, hilft, halfen
Herbst, der
herrlich
Herz, das
heute
Hexe, die
hier
hin
hinauf
Hitze, die
hoch, höher
Höhe, die
Hund, der
Hunde, die
hundert
Hunger, der
hungrig, hungrige

i/I

Idee, die
ihm, ihn, ihnen
ihr, ihre, ihrem,
ihren
im
immer
impfen
in
informieren
ins
italienisch

j/J

Jahr, das
Jeans, die
jede, jedem, jeden
jetzt
joggen
jung

k/K

Käfer, der
Kaffee, der
Käfig, der
Käfige, die
Kaiser, der
Kalender, der
kalt, kälter
Kälte, die
Kamin, der
Kamm, der
Kämme, die
kämmen
Känguru, das
Käse, der
Katze, die
kaufen
Käufer, der
kein, keinem,
keinen
Keks, der
kennen, kannten
Kind, das
Kinder, die
Kirche, die
Kissen, das
Klasse, die
Klavier, das
Kleid, das
Kleider, die
klettern
Koffer, der
kommen, kamen
Kompass, der
können, kann
konnten
Korb, der
Körbe, die
krähen
Krebs, der
Kreuz, das
Kreuzung, die
Krokodil, das
Kuh, die
Kühe, die

kurz
küssen

l/L

lachen
Laib, der
Land, das
Länder, die
lang, länger
Länge, die
Lärm, der
lassen, lässt, ließen
Lastwagen, der
Laub, das
laufen, läuft, liefen
Läufer, der
Lawine, die
leer
Lehrer, der
Lehrerin, die
leihen, leiht, liehen
lesen, liest, lasen
leuchten
Lexikon, das
Licht, das
lieben, liebt
Lied, das
Lieder, die
liegen, liegt, lagen
links
loben
Loch, das
Löffel, der
Luft, die

m/M

machen
Mädchen, das
mähen, mäht
Mai, der
man
Mandarine, die
Mann, der
Männer, die
Märchen, das
März, der
Maschine, die
Maß, das
Mathematik, die
Maus, die
Mäuse, die
Medizin, die
Meer, das
mehlig
mehr, am meisten
mein, meinem,
meinen
Mensch, der
merken
Messer, das
Metall, das
mich
Miete, die
Milch, die
Million, die
mir
Mittag, der
Mitte, die
Mond, der
Monde, die
Moor, das
Moos, das
morgen
Multiplikation, die
multiplizieren
musikalisch
müssen, muss,
mussten
Mut, der
Mutter, die

n/N

Nacht, die
Nächte, die
nah, näher
nähen, näht
Naht, die
Nase, die
nass
Natur, die
natürlich
neben
nehmen, nimmt,
nahmen
neu
neugierig,
neugierige
Neuigkeit, die
nicht
nichts
nie
niemals
niemand,
niemanden
November, der
Nummer, die
nummerieren
nur
Nuss, die
Nüsse, die

o/O

ob
oben
Ofen, der
offen
öffnen
Öffner, der
Öffnung, die
oft
ohne
Ohr, das
Ohrring, der

p/P

Paar, das
Päckchen, das
packen
Paket, das
Papier, das
Pass, der
Pässe, die
passen
Pferd, das
Pferde, die
Pfütze, die
Pilz, der
Pizza, die
Plastik, das
Platz, der
Plätze, die
plötzlich
Problem, das
Programm, das
Prüfung, die
Pullover, der
Puppe, die
putzen
Pyramide, die

qu/Qu

Quader, der
Quadrat, das
quadratisch
quaken
Quatsch, der
Quelle, die
quer

r/R

Rad, das
Räder, die
Radfahrer, der
Radio, das
Rahmen, der
raten, rät, rieten
Rätsel, das
rauben, raubt
Räuber, der
rechts
Regel, die
Reh, das
Rehe, die

reich
Reichtum, der
reiten
rennen, rannten
richtig, richtige
riechen, riecht,
rochen
rollen
rot
Rücken, der
rufen, riefen
Ruhe, die
ruhig, ruhige
Ruine, die
rund, runder

s/S

Sache, die
Sack, der
Säcke, die
Saft, der
Säfte, die
Säge, die
sammeln
Sand, der
sandig, sandige
Satz, der
Sätze, die
sauber
Schalter, der
scheinen, schienen
schenken
schieben, schiebt,
schoben
Schiff, das
Schiffe, die
schlafen, schläft,
schliefen
schlecht
schließen,
schlossen
schließlich
schlimm, schlimme
Schluss, der
Schlüsse, die
Schlüssel, der
Schmetterling, der
Schnee, der
schneiden,
schnitten
schnell, schnelle
Schnelligkeit, die
Schreck, der
schrecklich
schreiben, schreibt,
(ge)schrieben
Schuh, der
Schuhe, die
Schüler, der
Schülerin, die
Schüssel, die
Schutz, der
schützen
schwer
schwierig,
schwierige
Schwierigkeit, die
schwimmen,
schwammen
schwitzen
sechs
See, der
sehen, sieht, sahen
sehr
sein, seinem,
seinen
seit
Seite, die
Sessel, der
sie
Sieb, das
Siebe, die
sieben
Silvester, das
singen, singt,
sangen
sitzen, saßen
Skizze, die
skizzieren
sofort
Sommer, der
Sonntag, der
Spagetti, die
Spaß, der
Späße, die
spät
spazieren
Spaziergänger, der
Spiegel, der
spielen
Spinne, die
spitz
Spitze, die
Sport, der
Sprache, die
sprechen, spricht
sprachen
springen, springt,
sprangen
Sprung, der
Stadt, die
Städte, die
stark, stärker
staubig, staubige
Stecker, der
stehen, steht,
standen
steigen, steigt,
stiegen
Stein, der
stellen
Steuer, die
still
stimmen
Stirn, die
Stoff, der
Strand, der
Strände, die
Straße, die
Straßenbahn, die
Strauß, der
Sträuße, die
Stück, das
studieren
Stuhl, der
Stuhllehne, die
subtrahieren
Subtraktion, die
süß

t/T

Tag, der
Tage, die
tanken
Tasche, die
Tasse, die
tausend, tausende
Taxi, das
Teddy, der
Tee, der
telefonieren
Teller, der
Teppich, der
Termin, der
teuer
Text, der
Theater, das
Thermometer, das
tief, tiefer
Tier, das
Tiere, die
Tiger, der
Tintenfisch, der
tragen, trägt, trugen
Trainer, der
Trainerin, die
trainieren
Traktor, der
Träne, die
Traum, der
Träume, die
träumen
treffen, trifft, trafen
treiben, treibt,
trieben
trennen
Trick, der
trinken, tranken
trocken
Tür, die

u/U

U-Bahn, die
üben, übt
über
überqueren
Uhr, die
uns, unserem,
unseren
unter
Unterricht, der
unterwegs
Urlaub, der
Urlaube, die

v/V

Vase, die
Vater, der
Ventil, das
Verb, das
verbieten, verboten
Verein, der
vergessen, vergisst,
vergaßen
verkaufen
Verkäufer, der
Verkäuferin, die
Verkehr, der
verkehrssicher
verletzen
Verletzung, die
verlieren, verloren
Verpackung, die
verschieden
verstecken
verwandt
Verwandtschaft, die
viel
vielleicht
vier
Viereck, das
vierzig
Vitamin, das
Vogel, der
Vokal, der
voll
vollständig
vom
von
vor
Vorfahrt, die
Vorschlag, der
Vorschläge, die
Vorstellung, die
Vortrag, der
Vorträge, die
Vulkan, der

w/W

Waage, die
wachsen, wächst,
wuchsen
Wagen, der
Wahl, die
wählen
wahr
Wahrheit, die
Wald, der
Wälder, die
wann
Wanne, die
warum
Wasser, das
wechseln
wecken
Wecker, der
Weg, der
Wege, die
wehen, weht
Weihnachten
weinen
weiß
Weißwurst, die
welche, welchem,
welchen
wem
wen
wenig, wenige
werden, wird,
wurden
werfen, wirft, warfen
Werkzeug, das
Werkzeuge, die
wie
wieder
wiegen, wiegt,
wogen
wissen, weiß,
wussten
Woche, die
wollen, will
Wurst, die

x/X

Xylofon, das

y/Y

Yak, das
Yoga, das

z/Z

Zahl, die
zahlen
zählen
Zahn, der
Zähne, die
Zaun, der
Zäune, die
Zeh, der
Zehen, die
zehn
Zeitung, die
Zelt, das
Zeugnis, das
Ziege, die
ziehen, zieht, zogen
Ziel, das
zielen, zielt
Zimmer, das
Zoo, der
zu
Zucker, der
Zug, der
Züge, die
zuletzt
zum
zur
zurück
zusammen
Zweig, der
Zweige, die
Zwiebel, die

1
Diese Wörter schreibt man so, wie man sie spricht.

2
Groß- oder Kleinschreibung?

Nur Nomen und Satzanfänge schreibt man groß.

3
Für diese Wörter gibt es einen Trick.

4
Die Aufpass-Stellen dieser Wörter muss man sich einprägen.